成语中的智慧

CHENGYU ZHONG DE ZHIHUI

知识达人 编著

成都地图出版社

图书在版编目（CIP）数据

超级阅读夏令营．成语中的智慧／知识达人编著．—成都：成都地图出版社，2017.1（2021.6 重印）
ISBN 978-7-5557-0552-9

Ⅰ．①超… Ⅱ．①知… Ⅲ．①阅读课—中小学—课外读物 Ⅳ．① G634.333

中国版本图书馆 CIP 数据核字（2017）第 023094 号

超级阅读夏令营——成语中的智慧

责任编辑：游世龙
封面设计：吕宜昌

出版发行：成都地图出版社
地　　址：成都市龙泉驿区建设路 2 号
邮政编码：610100
电　　话：028－84884826（营销部）
传　　真：028－84884820

印　　刷：固安县云鼎印刷有限公司
（如发现印装质量问题，影响阅读，请与印刷厂商联系调换）

开　　本：710mm×1000mm　1/16
印　　张：8　　　　　　　　**字　数：**160 千字
版　　次：2017 年 1 月第 1 版　**印　次：**2021 年 6 月第 4 次印刷
书　　号：ISBN 978-7-5557-0552-9
定　　价：38.00 元

版权所有，翻印必究

目录

守株待兔

从前，有一个农夫。一天，他正在地里干活。忽然，一只兔子飞快地从地里跑过，只听"咚"的一声，兔子撞在树桩上，折断脖子死了。

农夫见了，赶紧跑过去捡起兔子，高高兴兴地回了家，让妻子做了一顿香喷喷的红烧兔子。

从这以后，农夫再也不愿辛苦种田了。他天天守在树桩旁，等着再有兔子撞在树桩上。

一连过了几天，他什么也没等到。农夫不死心，仍然天天坐在树桩边等着。等呀等，一直等到地里长满了野草，他再没有看见过兔子的影子。

杯弓蛇影

古时候,有个名叫乐广的人非常好客,经常在家里宴请四方宾朋。

有一次,当宴会进入高潮时,乐广站起身,举起酒杯,示意大家干杯。这时,一位客人的酒杯里出现了一张弓的影子,客人误以为是一条小蛇,心里不禁一惊,差点儿把酒杯扔掉。客人回到家后总是忘不掉杯中的那条"蛇",从此一病不起。

乐广很久没有见到这个朋友了,就让人去请他来做客。得知朋友生病后,乐广问起他生病的原因。朋友叹着气说:"上次

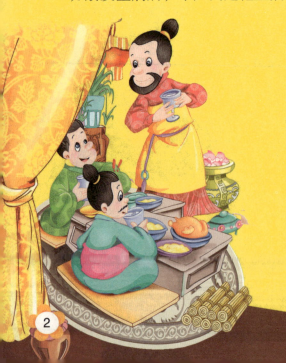

去你家喝酒，我举起酒杯时，忽然看见杯中有一条小蛇。你知道我生来害怕蛇，喝了以后，我就病成这样了……"

乐广心想：酒杯中不可能有蛇！那客人看见的蛇又是从哪儿来的呢？

回到家后，乐广就仔细察看起来。当他看见墙上挂着的一张弯弓时，乐广一下子就明白了。

于是，乐广又把那位客人请来，让客人还是坐在原来的地方。当客人端起酒杯时，杯中又出现了蛇的影子。

"杯里有蛇影是因为墙上的弓映在酒杯中。"乐广指着墙上的弯弓说，"把弓拿开就不会有影子啦。"

说完，乐广叫人拿开了弓，杯里的蛇影果然不见了。那位朋友消除了疑虑，病很快就好了。

多多益善

汉高祖刘邦在韩信、萧何、张良等能人的帮助下，打败项羽建立了汉朝。天下太平后，这些功臣都被封了官，赏了地，其中韩信被封为楚王。

项羽的旧将钟离眜投奔到韩信门下，韩信看他可怜就收留了他。不久，就有人四处散布韩信要造反的谣言。刘邦早就对韩信不放心了，听到这些话后很是担心。于是，他假称自己准备出去巡游，要韩信等人前往陈地相会。

韩信不知是计，一到陈地就被刘邦抓了起来，押回洛

阳。刘邦经过调查，发现韩信并没有谋反之意，又念及他过去立下的战功，便将他贬为淮阴侯。韩信心中很不满，常常故意称病不去上朝。

一天，刘邦把韩信召进宫中陪自己喝酒。刘邦让韩信评论一下朝中各位将领的才能，韩信一一说了。

刘邦听后，笑着问："那你看我能带多少人马呢？"

韩信说："十万足够了吧。"

刘邦又问："那你呢？"

"当然是越多越好了！"

"你带兵多多益善，为什么会被我抓住呢？"

韩信知道自己说错了话，忙辩解道："陛下虽然带兵不多，但有驾驭将领的才能。"

从此，刘邦更不喜欢狂妄的韩信了。最后，韩信被吕后诛杀，不得善终。

伯乐相马

　　古时候，人们习惯把精通鉴别马匹优劣的人称为伯乐，以表示对他们的尊重。春秋时的孙阳就是第一个被称为伯乐的人。传说孙阳对马的研究简直达到了出神入化的地步，他只需听听马的叫声就可以知晓马的优劣。

一次，孙阳受楚王的委托，四处寻找能日行千里的好马。孙阳去了好多地方，都没有找到令他满意的良马。

正当孙阳一无所获时，他在路上看到一匹马拉着一辆盐车。谁知马见孙阳走近，突然昂起头，大声嘶叫起来。孙阳立即从叫声中判断出这是一匹难得的好马。

经过和马主人的一番讨价还价，孙阳终于得到了这匹在马主人看来不中用的"劣马"。回到楚国，楚王一看这马瘦得皮包骨头，很失望，以为孙阳看走了眼。孙阳却说这匹马只需调养一段时间，就可日行千里。

果然，不出半个月，这匹马就变得精壮起来。楚王骑上它，策马扬鞭，只觉耳旁生风。转瞬间，它已跑出去百十里。

后来，楚王靠这匹马打了许多胜仗。孙阳的伯乐之名也越传越远。

毕恭毕敬

　　西周末期，周幽王昏庸无度，暴虐无常。周幽王有一个名为褒姒的妃子，长得很漂亮。周幽王十分宠爱褒姒，但是她不爱笑。为了博得美人一笑，周幽王想了许多办法。但无论是音乐歌舞，还是珠宝美食，都无法让褒姒笑。最后，一个奸臣献上"烽火戏诸侯"的办法。

　　古代的烽火台是打仗时专门用来点燃烟火的，目的是通知各地诸侯，国家出大事了，要他们派兵救援。所以，烽火是不能随便点的。周幽王为了让褒姒笑一笑，竟然下令点燃烽火。

　　诸侯们看到烽火，马不停蹄地赶来救援，才发现这不过是周幽王为了博得美人一笑而开的玩笑。虽然他们非常疲惫和生气，却敢怒不敢言。

后来，褒姒给周幽王生了个儿子，名叫伯服。周幽王废掉了先前所立的太子，改立伯服为太子；废掉了原来的皇后，立褒姒为皇后。

废掉的太子被贬到外地，他很担忧自己的命运和国家的前途，心中十分痛苦。于是，他写了一首诗来表达自己的心情："我看见屋边的桑树和梓树，一定要毕恭毕敬。我尊敬自己的父亲，依恋自己的母亲。谁不是父母的骨肉，上天生了我，可我的好日子到何处找寻？"

周幽王的昏庸无度最终导致各地诸侯纷纷造反。外敌犬戎部族趁机起兵，攻入周朝的都城镐京，灭了西周，并抢走了褒姒。

明珠暗投

　　汉朝有一个以文采著称的人叫邹阳，他是个不可多得的人才。后来他投奔到梁孝王的门下，受到器重，同时也遭到了其他官员的嫉妒。

　　因为邹阳曾经帮梁孝王的敌人吴王做过事，于是有人就利用这一点诬陷他，在梁孝王面前说了他许多坏话。

　　梁孝王开始还不相信，可是来进谗言的人越来越多，他终于相信了。邹阳被定了死罪，关进了大牢，听候处置。

　　面对这样的变故，邹阳并没有被击倒。他在牢里写下了《狱中上梁王书》，把自己的真实情况描述了一遍。其中有一段话的大意是："我曾经听说，如果夜晚把如同月亮般明亮的珍珠丢到路边，不仅不会吸

引人们，反而会让过路的人更加谨慎小心，从它身边走过还要提高警惕，因为人们不会想到那是价值连城的宝贝。这是为什么呢？无缘无故地对别人特别亲近，送上珍贵的礼物，会让人觉得一定是有什么企图。就像我现在这样，本来满怀抱负想为国家作些贡献，帮助帝王管理国家，可是没有人来支持我，不仅得不到君王的信任，还被当成逆贼一样防着，什么忠心和才能都得不到展示。我真是难过极了！"

梁孝王看了这一番发自肺腑的话，立刻明白了自己犯下的错误。于是，梁孝王释放了邹阳，还重用了他。

笑里藏刀

唐太宗在位时非常重视人才，但是也有一些小人混在其中。李义府就是这样一个小人。李义府小时候家里很穷，但他并没有在贫穷中学到做人的道理，反而是学会了如何拍权贵的马屁。长大后，他考取了进士，当了个不大不小的官吏。

唐高宗继位后，李义府抓住了皇帝喜欢听人拍马屁的心理特点，将自己的特长发挥到了极致，从而轻易地升到了右丞相的高位。

许多正直的官员对他不服气，他就私底下报复他们。但表面上，他却满脸堆笑，装出一副满不在乎的样子。因此，有人送他一个外号叫"笑中刀"。

有一次，李义府看中了一个判了死罪的女犯人。他就找了另一个女人来顶替她，从而让这个女犯人逃脱了罪责。

事情败露后，有人告到了皇帝那儿。谁知皇帝不但不治李义府的罪，反而将告发的人贬了官。

从此，李义府更加胆大妄为了。

还有一次，李义府事先得知了一些官员要被提升，便私下里找到其中的一些人，向他们透露了这个消息，并趁机索要财物。

没想到，事情很快就败露了。皇帝终于认清了李义府的真实面目，立即革了他的职，将他发配到边远地区充军了。

望梅止渴

东汉时，有一年夏天特别炎热，曹操带领军队去讨伐张绣。

这天，太阳高高地挂在天上。刺眼的光芒让人睁不开眼睛，大地被晒得裂开了口子，树木被烤得无精打采地垂着头。

曹军在弯弯曲曲的山道上行走着，士兵们的衣服全被汗水浸透了。人困马乏，附近又没有水喝，曹军前进的速度非常缓慢，一些体力差的士兵甚至晕倒在路边。

　　打仗全靠速度取胜，可现在军队行进的速度这么慢，恐怕会贻误战机，这让曹操十分着急。但是，几万人马连水都喝不上，又怎么可能在如此炎热的天气下走得快呢？曹操骑在马上望了望远处，突然看见山那边有一大片树林。他突然想到了一个绝妙的办法。

　　只见曹操双腿一夹马肚子，骑马快速跑到队伍前面，大声对士兵们说："前面有一大片梅林，那里的梅子又大又甜又好吃。我们快点儿赶路，绕过这个山丘就到梅林了！"

　　一听说有梅子吃，再想想梅子酸甜的味道，士兵们一下子就感到不口渴了。大家有了精神也有了力气，行军的速度加快了许多。因为赢得了宝贵的时间，曹操的军队最终取得了胜利。

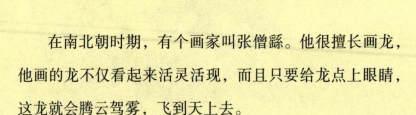

画龙点睛

在南北朝时期，有个画家叫张僧繇。他很擅长画龙，他画的龙不仅看起来活灵活现，而且只要给龙点上眼睛，这龙就会腾云驾雾，飞到天上去。

有一次，他在一座寺院的墙上画了四条栩栩如生的白龙，唯一让人遗憾的是，这四条白龙都没有画眼睛。

有人觉得奇怪，就问他："先生的龙画得这么好，为什么不给它们点上眼睛呢？没有眼睛的龙怎么会是好龙呢？"

张僧繇郑重地回答："给龙点上眼睛很容易。但是你们不知道，我一旦给它们点上眼睛，它们就会飞走的。"

大家纷纷摇头，表示怀疑，一定要让他给龙点上眼睛看看。无论张僧繇怎么解释，人们就是不相信。他没有办法，只好提起笔给龙点上了眼睛。他刚刚把其中两条龙的眼睛点上，天空中顿时雷电交加，狂风大作，暴雨像从天上倒下来一样。

正当大家纷纷找地方避雨时，突然，只听见"轰"的一声巨响，墙壁断裂了。大家定睛一看，两条刚刚点上眼睛的白龙，已经乘着云雾飞到天空中去了。而那两条还没有来得及点上眼睛的白龙，仍然留在墙壁上。大家惊得目瞪口呆，终于相信了张僧繇说的话。

打草惊蛇

蛇其实没有耳朵，又是近视眼，它是通过地面的振动敏锐地感觉到人的脚步声的。

南唐的时候，河南当涂县有一个县官名叫王鲁。此人爱财如命、贪婪成性。他之所以被人们记住，全是因为他那句"汝虽打草，吾已蛇惊"的话。

故事是这样的：

王鲁在当涂县当官也不是一天两天的事了，他贪污了多少钱财，连他自己都记不清楚了。

有一天，王鲁升堂处理一件百姓联名上书告状的案子。百姓告发的是王鲁手下的一个主簿。这个主簿见王鲁如此贪婪，就明目张胆地向百姓索要钱财，引起了百姓的憎恨。老百姓忍无可忍，这才联名告他一状，要求县官主持公道惩治他。

王鲁自己也是个贪官，做贼心虚，接了状纸后，竟厚颜无耻地在状纸上写了一句话：汝虽打草，吾已蛇惊。意思是说：你们虽然是打草，我却已经像蛇一样受到惊吓了。言外之意就是：我也是贪官，不能为你们主持公道。从此，便有了"打草惊蛇"这个成语。

自相矛盾

　　春秋时，楚国的一个小镇上有一条繁华的大街。这天，正是赶集的日子，四面八方的人都赶来了。大街上的人川流不息，摆摊卖货的各种吆喝声此起彼伏。

　　正在这时，一个响亮的声音从街的一角传了过来："大家快来看，快来瞧呀！我的盾牌无比坚固，世上没有什么东西能够刺穿它。"原来是一个卖兵器的小贩在吆喝。

人们听小贩这么一说，就纷纷围拢过来，想要看看小贩的盾牌到底有多坚固。

小贩一看人多起来，心里可高兴了。于是，他又举起手中的矛对大家说："大家再来看看我这个矛，它锋利无比，削铁如泥，能刺穿任何东西。"

有个聪明的人觉得他的话有问题，就想奚落他一下。于是，这个人故意大声说："既然你的盾这么坚固，而你的矛又是那么锋利，你为什么不用你的矛去刺一下你的盾，看看会有什么结果呢？"

这个卖矛和盾的人一听，愣在那里，一句话也说不出来。

杞人忧天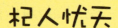

　　从前，有一个不为人知的杞国。在这个国家里住着一个胆子很小的人，他经常会突发奇想。有一天，突然下起了雨。他呆呆地看着从屋檐上滴下的雨滴，自言自语："如果再下雨，天就会塌下来，那时我该怎么办呢？要是不及时逃走，我有可能被活活地压死！那不是死得太冤枉了吗？"

　　从此以后，他几乎每天都在为这些他认为很了不得的问题发愁。朋友们见他整日忧

心忡忡的样子，都很替他担心，纷纷劝他："哎呀！你这不是自己给自己找烦恼吗？天怎么会塌下来呢？"可是，无论朋友们怎么劝说，他还是很担心。

有个热心人开导他说："天是积聚的气体，上下四方到处都有。人的一举一动、一呼一吸，都要和它接触。你整天在气体里活动，为什么还要担心它会掉下来呢？"

杞国人半信半疑地问："如果天真是积聚的气体，那么太阳、月亮和星星不就要掉下来了吗？"

"不会，不会！"热心人回答，"太阳、月亮、星星是气体中会发光的物质，你尽管放心，它们是不会掉下来的。"

杞国人听了，心里好像放下了千斤重担，脸上露出了笑容。

负荆请罪

　　战国时，赵国有两个很有名的人，一个是文官蔺相如，一个是武将廉颇。

　　蔺相如最初只是一个小官，后来因为在外交方面立下了功劳，被赵惠文王封为上卿。廉颇看到蔺相如凭着口才得到了比自己还高的职位，心中很不服气，扬言要找机会当面羞辱蔺相如。

　　蔺相如知道后，处处让着廉颇，尽量不与他碰面，以免和他发生冲突。廉颇一直没能找到羞辱蔺相如的机会。

有一天，蔺相如外出办事，远远地看见廉颇的马车过来了，他忙叫车夫把自己的马车赶到小巷中躲起来。

蔺相如的随从问他为什么如此害怕廉颇。蔺相如说："秦国那么强大我都不怕，怎么会怕廉将军呢？因为赵国文有相如，武有廉颇，所以强大的秦国才不敢小看我们。如果我和廉将军不能和睦相处，那么秦国就会趁机攻打我们。我是把国家的安危放在第一位，所以不计较个人的恩怨。"

廉颇得知后，深感惭愧，决定去向蔺相如认错。廉颇脱掉上衣，在背上绑了一根荆条，到蔺相如家中请罪。

蔺相如原谅了廉颇，两个人从此成了好朋友，齐心协力为国家出力。

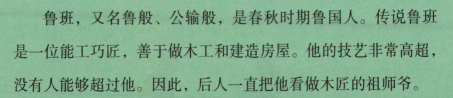

班门弄斧

鲁班，又名鲁般、公输般，是春秋时期鲁国人。传说鲁班是一位能工巧匠，善于做木工和建造房屋。他的技艺非常高超，没有人能够超过他。因此，后人一直把他看做木匠的祖师爷。

唐代大诗人李白，因为写下了许多好的诗歌而被后人所传颂。他喜欢喝酒，每次喝酒后吟诗作赋，都会给人一种超凡脱俗的感觉，所以被人们称为"诗仙"。

据说在一个夜晚，李白和一位诗人朋友在江上的一条小船上饮酒作诗。李白喝得酩酊大醉。

李白见江中的月亮清澈透明，不禁如痴如醉。

渐渐地，他竟伸手去捞，不料落入水中淹死了。他的朋友见李白如此喜欢这里，便把他葬在附近一个名叫采石矶的地方。后来，经常有诗人专门跑到采石矶去凭吊李白。为了表达对李白的敬仰之情，他们都会在李白的墓前留下各种诗句。

年复一年，采石矶附近的石壁上到处都刻满了文人们留下来的诗句。

明朝时有个诗人叫梅之涣。有一天他也来到采石矶凭吊李白，看到有些人胡乱写下的诗句，他非常生气：想想李白是"诗仙"，而这些人竟敢在"诗仙"面前舞文弄墨，简直太可笑了！

于是，他就在江边挥笔写了一首诗来讽刺这些人："采石江边一堆土，李白之名高千古；来来往往一首诗，鲁班门前弄大斧。"

四面楚歌

　　俗话说，乱世出英雄。秦朝末年，天下大乱。项羽和刘邦就是那个时候的两位英雄。

　　当时，项羽和刘邦约定以一条叫做鸿沟的河流作为疆域界线，项羽在河的这边，刘邦在河的那边，双方互不侵犯。后来，刘邦听从谋士的建议，率领重兵打败了项羽，并把项羽围困在垓下。

　　项羽得不到外界的援助，军中的粮食很快就吃光了。他手下的士兵病的病、伤的伤，剩下的也不多了。

一天夜里，项羽忽然听见有楚地的歌声响起，急忙走出军帐一看：刘邦的部队从四面八方包围了他，歌声就是从那里传来的。

项羽的士兵都来自楚地，因为打仗离开家乡很久了，此时此地听见楚歌，都思念起家乡来，再也无心打仗了。

项羽看到局势已经无法挽回，就和他最宠爱的妃子虞姬一起喝起酒来。之后，虞姬自杀，项羽带领仅剩的八百名骑兵，从南面突围逃走。逃到乌江边时，他感到没有脸面回去见江东父老，便拔剑自刎了。

道听途说

战国时期，有一个叫毛空的人特别喜欢吹牛。他每次吹起牛来，一点儿谱都没有。

有一次，毛空碰到刚从楚国回来的艾子，就拦住艾子，极其神秘地告诉他："有一家人的一只鸭子，一次就下了一百个鸭蛋！"

艾子不相信地问："怎么会有这样的事情？你不会是在吹牛吧？"

毛空说："那可能是两只鸭子下的吧。"

艾子摇摇头说："这也不可能。"

毛空又改口说："那么也许是五只鸭子下的。"可是艾子还是不相信。

"那就可能是六只、十只。"毛空依然坚持自己说的是实话。艾子不想理他，向前走去，毛空一直跟在他后面。

　　过了一会儿，毛空又凑上前对艾子说："上个月，天上掉下一块重三十多斤的肉。"

　　艾子当然还是不相信，毛空又改口说是二十多斤。艾子实在受不了了，他想让自己的耳根清静一下，不愿再听毛空胡说了。

　　于是，他反问毛空："这些都是你亲眼见到的吗？你所说的鸭子是哪一家的？肉又掉在了什么地方？"

　　毛空被问得答不上来，只好支支吾吾地说："我都是在路上听别人说的。"

　　艾子笑了笑，说："你仅凭道听途说就四处宣扬，你这不是骗人吗？"

狐假虎威

　　有一天，威猛的大老虎抓住了一只狐狸，正要美餐一顿。这时，狡猾的狐狸眼看性命不保，眼珠一转，说："大胆！你怎么敢吃我？"

　　老虎吃了一惊，心想：动物们见到我都吓得屁滚尿流的，这家伙居然如此嚣张，肯定来头不小。想到这儿，老虎松开爪子，好奇地问："我为什么不能吃你？"

　　狐狸挺了挺胸，回答："我是上天派来管理百兽的使者，你要是吃了我，就会遭到天谴。"

　　老虎哈哈大笑起来，拍了一下狐狸的脑袋，说："吹牛！我

不相信你有这样的能耐。"

狐狸面不改色心不跳地说:"森林里所有的动物都知道我的厉害,就你还蒙在鼓里。不信就跟我走一圈试试吧!"

"真的吗?"老虎更加好奇了,"我倒要看一看你的厉害。"狐狸让老虎走在自己身后,自己昂首挺胸在前面踱着方步。

他们环绕森林转悠了一大圈,所有的动物都在紧张地相互提醒:"老虎来了,快跑!"他们的声音那么小,只有身边的几个同伴能听见。而老虎对这一切浑然不知,见动物们看到狐狸就拼命逃走,顿时相信了他的一派谎言,连忙道歉说:"狐狸先生,我错了,以后再也不敢冒犯你了。"

狐狸装模作样地说:"算了,我也不怪你,你走吧!"老虎刚一离开,狐狸就一溜烟儿地逃跑了。

画蛇添足

 有两个人得到一壶美酒，其中一个人提议："这壶酒实在太少，不如我们来比赛画蛇，看谁最先画好放下笔，就算取胜，酒就归他一个人。"另一个人觉得这个办法很公道。于是，他们就在地上画起蛇来。

 其中一个人画得特别快，很快就勾勒出蛇的身形。可是，他总觉得还不太像，嚷嚷着："啊，对了，添上舌头就惟妙惟肖了。"他就在蛇的嘴巴前面添上舌头，这下真的是活灵活现。他从桌子上取下那壶酒，回到自己的座位上。但是，他并不急着喝酒，而是一边欣赏自己的画作，一边观看另一个人画蛇。

另一个人确实不够熟练，才画了一半。先画好的人十分得意，心想：真笨啊！即使我再画上四只脚，也比他快。于是，他左手拿着酒壶，右手提起画笔，开始给蛇画脚。

另一个人终于完成了。他"噔噔噔"地走过来，一把夺下酒壶，这个人急得大叫："你怎么抢人家的东西？"

另一个人说："我的蛇画好了呀！"

先画好的人说："我早就画好了！"

另一个人嘲笑他说："蛇没有脚，所以你画的不是蛇。"说完他仰头对着壶嘴，咕嘟咕嘟喝起酒来。先画好的人很生气，却没有办法。

叶公好龙

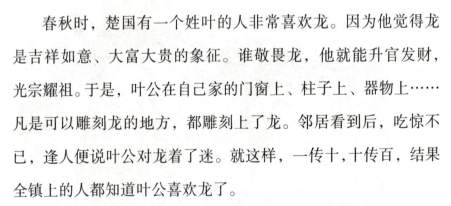

春秋时，楚国有一个姓叶的人非常喜欢龙。因为他觉得龙是吉祥如意、大富大贵的象征。谁敬畏龙，他就能升官发财，光宗耀祖。于是，叶公在自己家的门窗上、柱子上、器物上……凡是可以雕刻龙的地方，都雕刻上了龙。邻居看到后，吃惊不已，逢人便说叶公对龙着了迷。就这样，一传十，十传百，结果全镇上的人都知道叶公喜欢龙了。

不久，叶公好龙的事情就传到了东海龙王的耳朵里。东海龙王十分感动，很想去会一会这位爱龙如命的人。

　　一个风雨交加的夜晚，东海龙王腾云驾雾，来到了叶公家的门外。东海龙王怕打搅叶公，就先把头伸进了叶公家的窗户里察看。谁知，龙头太大，窗户太小，东海龙王一不小心把桌子给碰倒了。

　　此时，叶公正在床上睡觉，突然听到桌子倒地的声音，忙起床查看。当叶公看见一条真正的龙出现在他的屋子里时，他顿时吓得魂飞魄散，面如土色，一下子瘫倒在地，昏了过去。

　　东海龙王见了，觉得十分奇怪，心想：大家不是都说叶公很喜欢龙吗？为什么见到我就吓成这个样子呢？

　　原来，叶公喜欢的龙并不是真龙，而是能给他带来富贵吉祥的假龙。东海龙王明白后，闷闷不乐地走了。

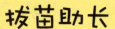

拔苗助长

有一个急性子农夫，干什么事情都希望马上完成。春天来了，他和别人一样播下种子。过了几天，田里长出了绿油油的秧苗。他又忙着浇水、除草、施肥、除虫。他每天来田地里，首先就是去看看禾苗长高了多少，和旁边别人家的比，他总嫌自己的禾苗长得太慢。

这一天，他自言自语："秧苗啊秧苗，你怎么老是不长呢？我这么辛苦，你知不知道呀？"

突然，他灵机一动，想到一个好方法。他挽起裤腿，下到秧田里面，把每一株禾苗都往上拔起一截。他一比较，拔过的禾苗果然比其他的高出许多。这个人高兴极了，顾不得休息，一口气把所有的禾苗都拔起一截，一直忙活到很晚才回家。

　　他一进家门，就大声说："今天可把我累坏了，连喝口水的时间都没有。我帮助咱家的禾苗长高了许多，周围邻居田里的禾苗都比不过。"家人连忙问他是怎么办到的，他自豪地讲了自己的方法。家人连喊糟糕，急匆匆地跑到田里一看，发现露出土壤的禾苗都死了。

掩耳盗铃

从前，在一户有钱人家的隔壁住着一个小偷。小偷平时好吃懒做，见什么偷什么。为此，他不知挨了多少顿打，可他就是死不悔改。

这不，他走过隔壁有钱人家的院门口时，忽然看见邻居家大门上新安了一个非常精致好看的铃铛。他朝四周瞅了瞅，确认没有人后，就快步走上去，伸手摘铃铛。

可是铃铛响声很大，门里面的人听见声音，还以为有客人来了，急忙跑来开门。小偷吓得赶紧跑了。如何才能偷到这个铃铛而又让它不发出响声呢？小偷苦苦想了半天，终于想出了一个自认为绝妙的好办法。

　　第二天晚上，他趁着夜色来到邻居家门前，十分大胆地走过去摘铃铛。咦！难道他不再怕别人听见了吗？原来他用棉花堵住了自己的耳朵。他以为这样一来自己听不见铃声，别人同样也听不见了。

　　当他正在摘铃铛时，主人听见响声跑了出来。看到这个情景，主人一下子全明白了，立刻把小偷扭送到官府去了。

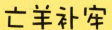

亡羊补牢

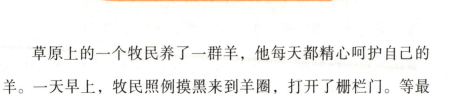

草原上的一个牧民养了一群羊，他每天都精心呵护自己的羊。一天早上，牧民照例摸黑来到羊圈，打开了栅栏门。等最后一只羊走出了羊圈，他发现少了一只。

"这是怎么回事呢？难道我数错了？"他很惊讶，"看来得再数一遍。"可山坡上的羊并不老实，一会儿在这边吃草，一会儿又跑到那边喝水。他刚数完这几只，那几只又跑过来，他一整天都没有数清楚。

到了晚上，他特意把羊圈门开得只容一只羊通过，趁着这个机会，又数了一遍，果然是差一只。"真是奇怪，羊到哪里去了呢？"牧民又累又饿，决定明天再仔细观察一下。

　　第二天，牧民气愤地发现，羊比昨天又少了一只。他仔细地检查羊圈，终于在一个角落发现了一个小洞。原来，这里的栅栏比较松，有些调皮的小羊顶来撞去，小洞就越来越大。身子瘦小一点儿的羊，完全能自由进出。牧民赶紧拿来藤草修补羊圈。以后放羊回来，牧民都要检查栅栏是否完好，从此他再也没有丢失过一只羊。

捕风捉影

汉成帝二十岁时登基做皇帝，到他四十多岁时还没有一个孩子，他认为是鬼神在作怪。为了得到孩子，他大修庙宇，崇神拜鬼，整天把自己弄得神神叨叨的。

一些人看到汉成帝相信鬼神，于是常打着鬼神的旗号来欺骗他，想从他那儿捞取一官半职或金银珠宝。

汉成帝一心想要孩子，根本就辨不出真伪。他花费了大量时间和金钱来崇神拜鬼，完全没有心思治理国家。

贪官们借机向老百姓征收高额赋税，借此私吞。老百姓生活在水深火热之中。

后来，一个名叫谷永的大臣看到国家处在危难之中，就给汉成帝写了一份奏章。

谷永在奏章中这样说："我听说聪明的人，鬼神是不可能去迷惑他的，而那些懂得世上万物之理的人，也不可能受到那些心术不正之人的欺骗。世上从来就没有什么仙人和不死之药，如果想找到它们，就好像要绑住风、捉住影子一样，是不可能的。从古至今，那些热衷于寻求天下神灵的帝王将相，哪一个从中得到了好处呢？"

看了谷永的奏章，汉成帝终于从鬼神之说中清醒过来，开始用心治理国家了。

黔驴技穷

从前，贵州境内没有驴这种动物，有人便用船运来了一头。运来后，却发现它在这里几乎没有什么用处，只好把驴牵到森林边上。

有一天，一只老虎在森林里散步，看见了驴。老虎第一次看见这种躯体高大的动物，认为驴一定是个非常有本事的家伙。

于是，老虎躲在森林里偷偷观察，想看看这驴到底有多大的本事。当老虎发现驴对自己不会有太大威胁的时候，它就慢慢走出来，小心翼翼地靠近驴，想和驴交朋友。

驴见自己的地盘上出现了一个胆大妄为的外来者，就不耐烦地大叫一声。老虎吃了一惊，以为驴要攻击自己，吓得远远地躲开了。

可是，老虎发现驴并没有追赶自己，还在原来的地方悠闲地吃草。

老虎经过反复观察，发现驴除了大叫，并没有什么特殊本领，也就不再害怕驴了。

当驴吃草的时候，老虎就跑上去轻轻碰它一下，或者在驴散步的时候，故意撞它。老虎不断挑战驴的耐心，并开始冒犯它。驴非常生气，每次都使出自己的看家本领，用蹄子去踢老虎。

渐渐地，老虎知道了驴最大的本事就是用蹄子踢对方，于是在心里盘算：驴的本事原来不过如此！老虎高兴极了，高高跳起向驴扑去，把驴咬死了。

按图索骥

　　据说，相马专家伯乐的儿子非常崇拜自己的父亲，希望长大后也能当一名受人尊敬的相马专家。

　　于是，他从小就把父亲写的相马书籍背得滚瓜烂熟，希望有一天能派上用场。

　　伯乐见儿子如此用心学习，就想给他提供一个锻炼的好机会，让儿子早一天成为像自己一样出色的相马专家，自己也就后继有人了。

　　一天，伯乐把儿子叫到跟前，对他说："儿子，我看你也不小了，是时候该出去锻炼一下了。我写的相马书，你背得怎么样了？"

儿子信心十足地对伯乐说："书上说，千里马的特征是额头高、眼睛鼓、四蹄大……"

伯乐听了，摸着儿子的脑袋点点头，说："好，不错！不错！你去准备一下，明天就出发去寻找一匹千里马回来给我看看。"儿子盼这一天不知盼了多久了，听了父亲的话，他高兴得不得了。

第二天，他告别父亲，满怀信心地离开家寻找千里马去了。

不久，他来到一个池塘边，看见一只大大的癞蛤蟆。这只癞蛤蟆额头高、眼睛鼓，蹄子也不小，这不正是自己要寻找的千里马吗？他高兴极了，心想，这么快就找到了千里马，回家后一定会得到父亲的表扬。

于是，他急忙抓起那只癞蛤蟆往家里跑，一进家门就喊："父亲，我终于找到千里马了！"伯乐一见，气得不知道说什么好了。

囫囵吞枣

　　从前，有一个年轻人特别爱吃零食，他每天都在不停地吃东西。

　　有一天，这个人边走边吃梨和枣子，走着走着遇到了一位老医生。

　　老医生见他嘴里吃着梨，手里拿着枣子，就关切地对他说："年轻人，梨子可不能多吃哟！"

　　他听了觉得很奇怪，就问："为什么呢？"

老医生说："梨子吃多了会伤胃的。"

年轻人想了想，摊开手中的几颗枣子问："那这个可以多吃吗？"

老医生笑了笑说："枣子可以健脾开胃，但是吃多了会损伤牙齿。"

年轻人听了老医生的一番话，一时间竟不知道究竟该吃梨还是吃枣子好。考虑了半天，他对老医生说："我在吃梨时，就只在嘴里嚼，不吞进肚子里去；吃枣子时不用牙齿咬，囫囵吞下去。这样的话，既不伤胃又不伤牙齿，而我又饱了口福，岂不两全其美？"

闻鸡起舞

晋朝的时候，有个名叫祖逖的青年人，胸怀远大的理想和抱负。但是祖逖小时候是个不爱读书的淘气鬼。

慢慢地，祖逖长大了，他觉得如果不读书就不能成为有用的人才，不能报效国家。于是，他开始发愤读书。

祖逖广泛阅读各种书籍，认真学习历史和地理知识。他对古人的武术剑法尤其感兴趣。

几年以后，他除了在学问上有了很大进步外，在武艺上也有了相当大的长进。凡是了解祖逖的人都说他文武双全，将来一定是个能辅佐帝王治理国家的人才。

　　祖逖二十四岁时，有人推荐他去做官，但是他认为自己所学的知识还远远不够，于是就很坚决地拒绝了。他每天仍然坚持不懈地努力读书和习武，他的理想是建功立业，成为国家的栋梁之才。

　　为了有更多的时间读书和习武，祖逖给自己规定，每天听到第一声鸡叫就起床练武。冬去春来，祖逖从来没有间断过。

　　经过十年的磨炼，祖逖终于成为能文能武的全才，被皇帝封为将军，实现了他报效国家的理想。

胸有成竹

北宋有个善于画竹子的画家名叫文同，字与可。他画的竹子非常传神，所以远近闻名，每天都有许多人登门求画。

为什么大家都喜欢文同画的竹子呢？他画竹子的秘诀又是什么呢？原来，为了更好地观察竹子的形态和生长特点，文同在自家的房前屋后种上了各种各样的竹子。

一有时间，文同就去竹林逛逛，细细地琢磨竹枝的长短粗细，竹叶的形态、颜色。每当有了新的感受，他就急忙回到书房，铺开画纸，把心中的印象画在纸上。

日积月累，竹子的特点就深深地印在了文同的脑海中。他只需凝神提笔，在画纸前一站，形态各异的竹子就会立刻浮现在眼前。所以每次画竹时，文同都显得非常从容自信，画出的竹子就跟真的一样。

当人们因喜欢他画的竹子而夸奖他时，他总是非常谦虚地说："我只不过是用心研究竹子，然后把心中已经成形的竹子画下来罢了。只要用心，人人都可以做到。"

文同去世以后，诗人晁补之专门研究文同的画。有一位青年人想学画竹子，得知晁补之对文同的画很有研究，于是前往求教。晁补之送了他两句话："与可画竹时，胸中有成竹。"

半途而废

　　东汉时，有个叫乐羊子的人娶了一个聪明贤惠的妻子。夫妻二人情投意合，相敬如宾。

　　有一天，乐羊子在路上捡到了一块金子，高兴地拿回家交给妻子。

　　然而，妻子对乐羊子说："有志气的人宁愿渴死也不喝盗泉的水，宁愿饿死也不吃乞讨来的饭食。你作为读书人，怎么连这点儿道理都不明白呢？"乐羊子听后，羞愧难当，赶紧把金子放回原处，然后告别妻子去远方求学。

过了一年，乐羊子回到家。妻子问他是否学业已成。乐羊子回答："没有，只是因想念你，才回来看一看。"

妻子听了，转过身拿起剪刀，将一块织好的布剪断了，严厉地说："这布是我辛辛苦苦织好的，多不容易呀！现在我把布剪断了，前面织的那些布也没用了，而我也白白浪费了很多时间。"

听到这儿，乐羊子已经明白妻子的意思了。妻子接着说："读书也是一样的道理，你只有不断积累，知识才能不断地长进。一旦停下来，你就会半途而废。这不和我剪断布是一个道理吗？"乐羊子被妻子的话深深地震撼了，当即又离家求学去了。

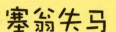

塞翁失马

战国时，北部边关住着一位老人，以养马为生，大家都叫他塞翁。

有一天，塞翁家的一匹马走失了。邻居们听说后都来安慰他。塞翁是个阅历丰富的人，他对前来安慰的人表示谢意后，反而说走失了一匹马，说不定会给他带来福气呢！

几天之后，塞翁家丢失的那匹马不但自己跑了回来，而且还带回了一匹好

马。邻居们听说了，都跑来祝贺塞翁。

可是塞翁一点儿也高兴不起来，他十分忧虑地说："白白捡到一匹好马，说不定会带来什么灾祸呢！"邻居们很扫兴地离开了。

塞翁有个独子，非常喜欢这匹好马，每天都要骑上它出去跑几圈。有一天，塞翁的儿子不小心从马背上跌下来，摔断了腿。邻居们又跑来安慰塞翁，他却说："断了腿没什么，说不定这还是福气呢！"

不久，外敌入侵，边关告急。皇帝下令凡是青年男子一律应征当兵。塞翁的儿子因为摔断了腿，所以不在应征范围之内。在那场战争中，应征入伍的青年大都战死了，塞翁的儿子却侥幸逃过了一劫。

三顾茅庐

东汉末年，天下大乱，凡是有才能的人，都想在乱世中干一番事业。当时，曹操在北方把持着朝廷，孙权在东吴拥有众多兵力，只有刘备两手空空，想干大事但又没有高人辅佐。

后来，有人向刘备推荐了诸葛亮。刘备听说诸葛亮既有学识，又有才能，立即

和关羽、张飞带着礼物到诸葛亮住的卧龙冈，请他出山帮助自己。到了诸葛亮所住的茅庐，恰巧诸葛亮这天出门去了，刘备只得失望而归。

过了一段时间，刘备和关羽、张飞冒着大风雪又去请。不料诸葛亮又不在家，刘备只得留下一封信，表达自己对诸葛亮的敬佩和请他出山帮助自己复兴汉室的决心。

又过了一段时间，刘备打算再去请诸葛亮。关羽却说诸葛亮一定是徒有虚名，羞于见人，未必有真才实学。张飞却说让他一个人去请诸葛亮。如果诸葛亮不来，他就用绳子把诸葛亮捆来。刘备不同意，他坚持三人一起第三次去请诸葛亮。

这一次，诸葛亮终于在家了。可是，诸葛亮正在睡觉。刘备不敢惊动他，一直站在屋前，等到诸葛亮睡醒后，他们才坐下来交谈。诸葛亮被刘备的诚意打动了，于是答应全力帮助刘备成就大业。

刘备三次亲自去请诸葛亮，被后人称为"三顾茅庐"。

买椟还珠

　　战国时，楚国有一个珠宝商人，非常有生意头脑。不久，他的珠宝店就开到了郑国。

　　为了让生意兴旺，他不仅把门面装修得特别引人注目，还想出了一个绝妙的主意：让木匠将名贵的檀香木制成精巧的小盒子，檀香木散发出的独特香味人们远远地就能闻到。

　　最后，商人再把真正要卖的商品——珠宝装进盒子里。这样做吸引了很多人前来选购，生意果然比以前好了许多。

　　有一天，一个郑国人来到珠宝店中，看见装珠宝的盒子既精致又美观，非常喜欢。他反反复复地看了很久，一直舍不得放下，和商人讨价还价后，就买下了一个。

　　郑国人买下后满心欢喜。他打开盒子，把里面的珠宝拿出来，退还给珠宝商，然后只拿着盒子高兴地离开了。

草木皆兵

  东晋时期，前秦王苻坚势力强大，控制了北方广阔的地区。

  383 年春天，野心勃勃的苻坚率领九十万人马攻打东晋。而东晋军大将谢石、谢玄只领了八万兵马前去迎敌。当苻坚得知东晋军兵马不足时，心中不禁大喜。苻坚认为双方实力悬殊，前秦军肯定会大获全胜。于是，他派一个名叫朱序的人去劝降谢石。

  朱序原是东晋官员，他见到谢石后，报告了前秦军的布防情况，并建议东晋军在对方后续大军未到达之前袭击洛涧。谢石听从了朱序的建议，结果大胜。

苻坚得知洛涧兵败，大惊失色，马上和苻融登上寿阳城头，亲自观察淝水对岸东晋军动静。当时正是隆冬时节，又是阴天，远远望去，淝水上空灰蒙的一片。仔细看去，那里桅杆林立，战船密布，东晋军持刀执戟，阵容甚为齐整。他不禁暗暗称赞东晋军布防有序，训练有素。接着，苻坚又向北望去。那里横着八公山，山上有八座连绵起伏的峰峦，地势非常险要。东晋军的大本营便驻扎在八公山下。随着一阵西北风呼啸而过，山上晃动的草木，就像无数士兵在运动。苻坚顿时面如土色，惊恐地回过头来对苻融说："东晋军是一支劲敌，怎么能说它是弱兵呢？"

　　不久，苻坚中计，下令军队后退，让东晋军渡过淝水决战。结果，前秦军在后退时自相践踏，溃不成军，大败北归。

尔虞我诈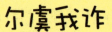

　　春秋时，楚国和宋国之间曾打了一场长达几年的仗。由于长期打仗，两国国力衰退。楚庄王感到情形不妙，便打算退兵。

　　这时，他手下的一个叫子反的谋士献计说："眼看战争就要取得胜利，现在退兵不是前功尽弃吗？我们要装成长期住下去的样子，让士兵们盖房子、种庄稼。宋国人见了，一定会马上投降的。"

楚庄王采纳了他的计谋，让士兵们盖房子，开垦土地。宋国人见了，果然十分惊慌。

宋国一个叫华元的大将鼓舞大家说："不用害怕，我们就是饿死，也不能向楚国人投降！"

华元是个很有谋略的人。一天夜里，他独自出城，装成楚国的军士，混进楚军大将子反的帐中。他一见到子反，就大声怒喝："宋国虽然现在已经没了粮食。但是，不管你们用什么计谋，宋国人是决不会投降的。我要你们马上退兵三十里，同我们订立和约。"

子反被华元的气势震撼了，深深地佩服这个勇猛的年轻人。同时，两个国家打了这么久的仗，他也见识了宋国人的顽强不屈，无奈之下，只好同意退兵。楚庄王也早有讲和之意，于是，双方订立了盟约。盟约上写道："我不欺骗你，你也不要欺骗我！"

乘风破浪

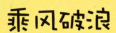

南朝宋有个名叫宗悫的少年，他从小就对武术非常感兴趣，加上天资聪慧，在十二三岁时，就已经练成了一身好武艺。

有一天，他的哥哥宗泌正在办喜事，客厅里挤满了前来贺喜的宾客。

有几个强盗混进了他们家，趁着人多溜进仓库想偷东西。正巧有个仆人去仓库里取盘子，看见几个陌生人在那儿搬东西，吓得大呼小叫着跑进客厅。

客人们都被这突如其来的事件惊呆了。只有宗悫沉着

冷静，他从墙上取下宝剑直奔仓库。

强盗们挥舞着刀想吓走宗悫，可是他一点儿也不怕，挥剑直刺强盗。客人们也跑过来呐喊助威。强盗见势不妙，丢下东西逃走了。

客人们都非常佩服宗悫小小年纪就有这样的勇气和胆识，就问他将来长大了想干什么。

宗悫坚定而自信地说："愿乘长风破万里浪，干一番伟大的事业！"

宗悫十八岁的时候，国家边关告急，他自告奋勇前去当兵。

几年以后，宗悫因为英勇善战被封为将军。后来他为国家打了不少胜仗，实现了少年时的愿望。

水滴石穿

在宋朝的时候，有一个叫崇阳县的地方。那里穷山恶水，地处偏僻，老百姓经常因吃不饱饭而饿死。皇帝得知后，先后派了很多县官去崇阳县任职，但是收效不大。

后来，一个名叫张乖崖的人被皇帝派到那里当县官。

张乖崖来到崇阳县后，外抓生产，内抓税收，重新清理和盘点钱库的银两。不仅如此，他还带头过勤俭节约的生活。张乖崖吃饭从不超过两碗，穿的官服常常打满了补丁，就连过惯苦日子的百姓也不得不佩服他。崇阳县渐渐有了起色，百姓们安居乐业，再也不用过流离失所的日子了。

有一天，张乖崖无意中看见管钱库的小官将一文钱攥在手中，趁无人时偷偷地塞进了自己的帽子里。张乖崖非常生气，命人把那个小官捆绑起来，押到大堂受审。

起初，那个小官死不认账，直到张乖崖命他把帽子取下来，他才不得不承认。定罪时，他满不在乎地说："难道你会因为一文钱判我死罪吗？"

张乖崖说："一日一钱，千日千钱；绳锯木断，水滴石穿。"意思是说：一日偷一文，一千日就偷了一千文；时间长了，一根柔软的绳子可以锯断一根粗壮的木头，一滴水也可以穿透坚硬的石块。

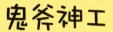

鬼斧神工

　　春秋时鲁国有个手艺非常高明的木匠，人们至今也不知道他姓什么，只知道他名叫庆。因为生在鲁国，所以后人叫他鲁庆。至于他和木匠的祖师爷鲁班有什么关系，就不得而知了。鲁庆能制作各种精巧的木器，很受人们的喜爱。

　　有一次，鲁庆用上乘的松木雕成了一条龙。这条龙不仅外观华丽，而且形神兼备，龙身上的鳞片鲜活生动，就像真的一样。凡是见过这条龙

的人没有不为它的逼真所折服的，以至于许多人都不相信这是鲁庆做出来的，以为是出自高深莫测的鬼神之手。

鲁国国君听说了这件事后，就让鲁庆带着他的这条龙进宫去。

国君见到这条用木头雕成的龙后，惊奇地问："你是不是施了什么法术，才把它制作出来的？"

鲁庆笑了笑，说："我不会法术。"

国君又问道："那你是怎么制作它的呢？"

鲁庆说："当我在深山里发现这棵松树时，我就想，怎样根据这棵树本身的特点来雕刻一个具有特色的东西。我仔细观察后发现，它本身就有一些龙的气质，于是我就将它砍伐下来，搬回家中慢慢打磨。我在雕刻时心中没有一丝杂念，眼前不断浮现出龙的影子。所以，制作出来的龙活灵活现。"

南辕北辙

战国时期，魏王想攻打赵国，遭到了魏国大夫季梁的反对。

为了说服魏王，季梁举了一个例子："楚国在南方，有一个想到楚国去的人却乘着马车往北去。

"当我指出他走错了方向时，那人回答说他的马是匹好马。我说：'你的马虽然好，可你走的并不是去楚国的路呀！'

"那人又说：'不怕，我有的是路费。'我说：'你的路费多又有什么用呢？不管怎么走，也不能到达目的地。'

"那人说：'我的车夫是百里挑一的赶车能手！'我说：'你

难道不知道，你的条件越好，如果方向不对，就会离楚国越来越远吗？'"

魏王听了季梁讲的故事，觉得很好笑，就问季梁："这是你编的故事吧，天下真有这样糊涂的人吗？"季梁说："有，他就在我们魏国。"魏王说："你倒说说看。"

季梁说："比如您吧，您的志向是建立霸业，统领诸侯。为此，您不惜用我们精良的军队去攻打赵国，靠欺负弱小国家来扩大魏国的土地。可是，您这样做只会离您的志向越来越远，这不正和刚刚讲的那个人一样糊涂吗？"

魏王觉得季梁的话很有道理，于是打消了攻打赵国的念头。

开卷有益

宋太宗在历史上以爱读书而闻名，他是一个非常好学的皇帝。

一天，他把文学家李昉等人召来，要他们编一部大型辞书。李昉等人整整花了七年工夫，摘录了一千六百多种古籍，终于在太平兴国年间，编成了共计一千卷的《太平总类》。

宋太宗见了这部巨著，心里非常高兴。他规定自己每天必须阅读三卷书，哪怕到了深更半夜，只要还有一点儿没看完，也要继续点灯夜读，不看完就决不休息。

有时候，由于朝廷政务繁忙，实在没有时间读书。但是只要一有空闲，宋太宗就一定会按照计划，把没读的那些书补读回来。就这样，他一直坚持到把《太平总类》读完。

一天，侍臣们见宋太宗捧着厚厚的书，废寝忘食地读着，担心皇帝太过劳神，便劝他休息休息。宋太宗拍拍手中的书，高兴地对他们说："看书是一种享受，而且还可以从中获得很多知识，不断地完善自己。只要一打开书就会有收获，我怎么会觉得疲劳呢？这就叫开卷有益啊！"

后来，这部书因为是皇帝看过的，就改名为《太平御览》。宋太宗勤奋好学的故事，也随之流传下来。

忠言逆耳

公元前 207 年，刘邦率大军攻占咸阳，来到了秦王的宫殿。

宫殿内的布置奢靡豪华，各种宝物不计其数，刘邦看得眼花缭乱。渐渐地，刘邦忘了自己的抱负，打算在宫内好好享受！

部将樊哙听说刘邦要住在宫中，就问他："您是想要天下呢，还是仅仅想做一个大财主？"

刘邦回答："当然是想要天下了。"

忠诚的樊哙劝阻道："秦宫里无数的珍宝堆积如山，后宫佳丽美若天仙。但是，就是这些看起来美好的东西导致了秦朝的灭亡。所以，臣希望您能马上返回军营，不要留在这里。"

刘邦对樊哙的劝谏不以为然，仍然决定住在宫中，好好享受一下帝王的生活。

谋士张良知道这件事后，立即对刘邦说："秦王无道，百姓造反。打败了秦军，您才能来到这里。您为天下除掉害民的暴君，理应克勤克俭，为百姓谋福。可现在刚到秦宫，您就想享乐。俗语说：'忠言逆耳利于行，良药苦口利于病。'希望您听从樊哙的忠告，回到军营去。"

刘邦听了，终于醒悟过来，立即离开了富丽堂皇的宫殿，率军返回了驻扎在灞上的军营。

一曝十寒

　　战国时，游说之风盛行。一般游说的人，不但有高深的学问和丰富的知识，而且还喜欢用生动形象的比喻对人进行讽劝。这其中就有赫赫有名的大思想家孟子。

　　当时，齐王很昏庸，常轻信奸臣的谗言。孟子对此很担忧，便来到王宫不客气地对齐王说："大王也太不明智了。一个有很强生命力的生物，如果先让它在阳光下曝晒一天，然后又把它放在阴冷的地方十天，大王认为它还能活吗？

　　"我不能经常陪在大王的身边，虽然大王有一点儿从善的决心，可一旦我离开，那些小人又要来欺骗您，而您又会听信他们。大王，您说我该怎么办呢？"

　　孟子看到大王在认真地听，接着又说："比方说下棋吧。这看起来是件小事，但如果你不专心致志，也同样学不好，赢不了棋。

"大王一定知道，弈秋的棋艺在全国无人能比。他有两个徒弟，一个学棋时专心致志，处处听老师的指导；另一个却老是望着天空，盼望着天上有鸟飞来，好用箭去射。

"虽然这两个徒弟平时都在一起学习，一起生活，都是一个师傅教的，可是第一个徒弟棋艺高超，第二个徒弟却差得很远。这是为什么呢？这并不是因为他们在智力上有多大的区别，而是他们各自专心的程度不一样啊。"齐王听了，从此以后不再听信那些奸臣的谗言。

入木三分

王羲之是中国历史上著名的书法家。他的书法秀丽中透着苍劲，柔和中带着刚强。许多后人模仿他的字练习，但都无法达到他那种出神入化的境界。

王羲之天生聪明，后天也非常努力。

王羲之为了练好字，即使睡梦中都在比划，走路时也在想着字的结构和神韵。为此，他常常撞在树上、墙上。

传说王羲之经常在家门前的池塘边练习写字，写完后，就在池中清洗笔砚。久而久之，清澈的池水竟变成了黑色。

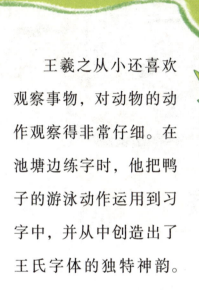

王羲之从小还喜欢观察事物，对动物的动作观察得非常仔细。在池塘边练字时，他把鸭子的游泳动作运用到习字中，并从中创造出了王氏字体的独特神韵。

当王羲之因为书法好而出名后，连皇帝都经常有求于他。即使是写篇碑文，皇帝也要他代笔。

有一年清明节，皇帝要去祭祀祖先，让王羲之写祝辞。这种祝辞一般都要先写在木板上，然后再让木匠雕刻。

王羲之将写好的字交给木匠雕刻。木匠看后感到非常不可思议：这些写好的字，笔力竟然渗入木头三分多。

成语"入木三分"由此而来。

郑人买履

郑国有一个十分迂腐的人。

有一次，他的鞋子穿破了，便准备到集市上去买双新鞋。晚上，郑人用一根麦秆比着脚量了一个尺寸。

第二天天还没亮，他就急急忙忙地往集市赶，生怕误了时辰买不了鞋。可等他来到集市时，连个人影儿都没看到，因为他起得太早了，赶集的人都还没有来呢。

好不容易等到鞋铺开门，他赶紧伸手摸口袋找那根麦秆，却怎么也找不到了，原来他把那根麦秆忘在家里了。于是，他又匆忙地往家里跑。

等他拿到麦秆返回集市时，鞋店早关门了。他跑了两趟，却没有买到鞋，十分生气。

有好心人见他生气，便问他究竟是怎么回事，他把买鞋的经过说了一遍。好心人听了，很纳闷地问他："你到底是替别人买鞋，还是给自己买鞋呢？"

郑人不高兴地回答："我当然是给自己买了！"

好心人说："既然是给自己买鞋，那你为什么不用自己的脚去试鞋，偏要回去拿那根麦秆呢？"

郑人却说："你不知道，我量的尺寸太精确了，用自己的脚试反而不可信。"好心人听了，心想：天下居然还有这样迂腐的人！那位好心人什么也没说，无奈地摇摇头走了。

差强人意

东汉时，有个名叫吴汉的人。他为人忠厚老实，平时虽然言语不多，但武艺十分了得，深得皇帝刘秀的信任和赏识。刘秀将他留在自己身边，做了自己的贴身侍从。

刘秀每次出征打仗，吴汉必定会伴随在刘秀左右，一步也不离开，尽心尽力地保护刘秀的安全。敌人见了，不得不打消了刺杀刘秀的念头。

晚上只要刘秀没有睡觉，吴汉就会站在他的旁边，不肯先睡。在关键的时候，他总是冲锋陷阵，为刘秀排忧解难。当时，刘秀的政权还不稳定，边关频频有敌人进犯。刘秀曾派出过许多大将前去应战，可都是以失败告终。时间长了，刘秀不但平定不了战乱，反而使得

士气低落。将军也失去斗志，只有吴汉带领将士检查武器，审阅兵马。

刘秀听说此事后，不禁感叹道："只有吴汉能振奋军心，有他就算拥有一个国家了。"

同舟共济

春秋时，吴越两国经常发生战争，两国的人民也都视对方为敌人。

有一次，这两国的路人恰巧要坐同一艘船过江。一到船上他们就怒目而视，冲突一触即发。站在船头的艄公吓坏了，生

怕他们在船上就动起手来。

不一会儿，船划到了水流很急的江心，船被摇得晃来晃去。突然刮起了大风，船晃得更厉害了，要是再不采取行动，船随时都会翻。

大家沉默了一会儿，最后纷纷动手帮忙，齐心协力，稳住了船身。风很快过去了，船顺利地到达了对岸。

门庭若市

战国时，齐国有两个相貌英俊的男子，一个名叫邹忌，一个名叫徐公。有一天早上，邹忌穿戴整齐后，对着镜子照来照去。他对自己的形象很满意，于是问妻子："我和徐公相比，谁更漂亮？"妻子说："当然是你英俊了。"

有客人来访，邹忌又问他同样的问题。客人也说，他比徐公漂亮。

几天后，邹忌在路上遇见了徐公，他乘机仔细地打量了徐公一番。他认为徐公长得实

在太漂亮了，自己
简直和他没法比。于
是他想：妻子说我漂亮，
是因为爱我；客人说我漂
亮，是因为有求于我。其实，
我并没有徐公漂亮，他们都在说
假话奉承我。

邹忌想到，齐威王身为一国的君
王，所受的欺骗一定也不少。他立即
进宫面见齐威王，把这几天发生的事
情跟齐威王讲了，并说："大王每天
接触的人太多了，听到的假话也太多
了。大王如果能开诚布公地征求大家
的意见，所受的欺骗就会减少，齐国
就会越来越强大。"

齐威王听了，觉得邹忌说得有理，于是就下令诏告天下：
"凡是能够当面指出我的过错的，给上赏；写书信规劝我的，给
中赏；在上朝时或在街市中议论我的过失，并传到我耳中的，
给下赏！"布告一出，就有许多人前去给齐威王进言。一时间，
朝廷门口像集市一样热闹。

游刃有余

战国时候，有一个姓丁的厨师，人们都叫他庖丁。庖丁对宰牛非常在行，他宰牛不仅又快又准，而且还能让刀子在牛的皮肉里发出符合音律的霍霍声。

一天，梁惠王看完庖丁宰牛后，不解地问道："为什么你的宰牛技艺会如此高超呢？"

庖丁收好刀，回答："其实并没有什么高深的学问，我只是遵循自然规律罢了。我从小跟随父亲学习宰牛，起初我对牛的结构并不是很熟悉，所以宰杀一头牛常常要花费整整一天的时间。后来，

　　我宰杀得多了，便渐渐对牛的结构有了了解，所以宰起来就比原来快多了。现在，我对牛的生理结构完全烂熟于心，把刀刺入牛的身体后，我只需顺着牛的骨架便可以宰牛了。遇到骨肉相连的地方，我尽量避开骨头；遇到筋肉相连的地方，我总是小心翼翼，让刀自由地在皮肉间穿行。至于我用来宰牛的刀，也是很平常的刀，并没有什么特别之处。技术高超的厨师每年换一把刀，那是因为他经常用刀去割肉；技术一般的厨师每月换一把刀，那是因为他经常用刀去砍牛骨；而我的刀十九年来宰牛数千却从未更换过，刀刃依旧锋利如初。"

　　梁惠王听完，不禁感叹道："好一个会宰牛的庖丁，你倒让我明白了许多的道理。"

黄粱美梦

　　古时候，有一个姓卢的穷书生进京考试。天黑时，他在一家旅店住宿，遇到了一个道士。卢生见道士谈吐不凡，就向他倾诉了自己穷困不得志的处境。

　　道士听完后，拿出一个枕头对卢生说："你把它放在头下睡一觉，你会得到你想要的一切。"

　　卢生接过枕头的时候，店主人正准备用黄粱（一种小米）做饭。因为赶了一天的路很累了，卢生躺在枕头上不一会儿就睡着了。

不久，他就开始做梦了。在梦中，他来到一个风景很美的地方，遇见了一个美丽而富有的女子，于是娶她为妻。

后来，妻子为他生了儿子和女儿。儿女长大后，又给他添了孙子，而他则官运亨通，还当上了宰相。等他退职以后，便回家安享天伦之乐，一直活到九十岁才幸福地死去……

当卢生从梦中醒来时，发现自己还是躺在原来那个小店的破床上，刚才的那些荣华富贵只不过是一场梦而已。而这个梦短得甚至连店主人煮的黄粱米饭都还没有熟！

卢生很失望，不停地长吁短叹。这时，道士走上前来，拍拍他的肩膀，对他说："其实人生的荣华富贵也不过是一场梦罢了，你又何必为这些虚幻的东西而想不开呢？"

对牛弹琴

  传说古时候，有位名叫公明仪的音乐家，弹得一手好琴。他每次外出游玩时，总要背上他的琴，一是因为离不开琴，二是因为他想遇见一个懂琴的知音。当然，如果遇到优美的风景，或是灵感突然来临，他一定会拿出琴来弹奏一番，也不管有没有听众或者听众是谁。

  有一年三月的一天，他到一条河边游玩。河的两岸青山环绕，花红草绿，清澈的河水缓缓地流过，几只鸭子在河中欢快地嬉戏，一头黄牛在河边静静地吃草……公明仪看见如此美妙的风景，不由得心醉了，情不自禁地在牛的不远处坐下来，取出琴，开始弹奏一支悠扬动听的曲子。

公明仪弹得非常投入，他把眼前的牛当成了唯一的听众。一曲弹罢，牛只管吃草，连头都没有抬起一下。公明仪非常生气和失望，他觉得一定是自己弹得不好，引不起牛的兴趣。

这时，路过的人劝他说："何必跟一头牛一般见识呢？并不是你弹得不好，而是牛听不懂。"

如今，人们用"对牛弹琴"讥笑听话的人听不懂说话人的意思，或者讥笑说话的人不看对象。

唇亡齿寒

　　春秋时，有两个国家紧挨在一起，一个叫虢国，一个叫虞国。两个国家关系紧密，相互依存。

　　晋国是当时的强国，晋王想攻打虢国，但是必须从虞国经过。晋王怕虞国不同意，就找大臣们来商量此事。

　　晋国的大夫荀息对晋王说："我听说虞国国王贪利忘义，我们只要送上宝马和美玉，虞王一定会答应借路给我们的。"

　　晋王听了，有些舍不得。

　　荀息微笑着说：您的美玉和宝马，就像从这个口袋换到了另一个口袋，只不过暂时让虞王保管几天罢了。等我们攻下虢国后，虞国还能存在吗？"

于是，晋王依计行事。虞王收到礼物后很高兴，果然同意借路给晋国。但是虞国的大臣们都坚决反对："虢国是我们的邻国，和我们就像牙齿和嘴唇一样，唇亡齿寒，谁也不能没有谁呀！"

可是，虞王坚持借路给晋国。晋国势力强大，很快就消灭了虢国。当他们得胜返回时，很轻松地就把没有任何防备的虞国消灭了。晋王收回了自己的宝马和美玉。

言过其实

　　三国时期，蜀国有个大将名叫马谡，此人满腹经纶，作战勇敢，深得诸葛亮的喜爱。但是，他有一个喜欢说大话的坏毛病。刘备比较细心，发现了马谡的这个毛病，曾经提醒过诸葛亮，任用马谡时千万要小心谨慎，但诸葛亮并没有把这件事放在心上。

　　有一次，诸葛亮率领蜀国的军队北伐魏国，途中他们必须经过街亭这个地方。街亭是北伐的咽喉要道，军队用的所有粮草都要通过这个地方运送。一旦街亭失守，运不来粮草，军队只有等死！可见，无论对魏国还是蜀国而言，街亭在作战中的

地位都是非常重要的。

那么，诸葛亮派谁去镇守如此重要的街亭呢？马谡自告奋勇，愿以全家性命做担保前去防守街亭。诸葛亮同意了，决定让他去镇守街亭。

可是，马谡妄自尊大，不听下属王平把营寨扎在要道的劝告，坚持把营寨扎在山上。结果，被魏军包围，街亭失守，蜀军惨败而归。

诸葛亮这时才想起死去的刘备曾经对他说过的话，"此人言过其实，不能重用，多多留意"。诸葛亮无奈之下，"挥泪斩马谡"。同时，为了处罚自己因用人不当给国家造成的损失，诸葛亮上书皇帝刘禅，坚决要求降低自己的职务。

刮目相看

三国时，吴国有个大将名叫吕蒙。他小时候家里很穷，所以没有读过多少书，也不认识几个字。

吕蒙做事十分有毅力，打仗时也很英勇，立下了许多战功，被吴王孙权任命为大将军。

不过，也有人对吕蒙不服气，认为他斗大的字识不了几个，不过是一个武夫罢了，从心里瞧不起他。

吕蒙知道后，下决心好好读书。他常利用晚上的时间学习，遇到不懂的就虚心请教别人。功夫不负有心人，随着时间的推移，吕蒙学到的知识越来越多。

有一次，鲁肃要去镇守一个名叫陆口的地方，路过吕蒙的营寨时就去看望他。两人一番客气之后，吕蒙突然问鲁肃："你这次去打算怎样对付蜀国的名将关羽？"

　　鲁肃很随便地说："还没有想好，走一步看一步吧。"吕蒙一听，非常严肃地对他说："你怎么能如此轻敌呢！古书上说：'骄兵必败。'我有几条计策，你可以依计行事。"

　　鲁肃听了吕蒙的计策后，连连称是。他握着吕蒙的手说："我一直以为你不过是一介武夫，不懂得攻心谋略，看来是我错了。"

　　吕蒙笑道："士别三日，应该刮目相看呀！"

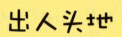

出人头地

宋朝时，苏轼和欧阳修文章写得好，流传下来的也很多，他们被后人归为"唐宋八大家"之列。大家也许不知道，当欧阳修已经是翰林大学士时，苏轼还不为人知。

苏轼从小跟随母亲学习文章，耳濡目染，渐渐在文学上有了自己的见解。他聪明好学，再加上有父亲苏洵的指导，二十岁时就已经博学多识了。那年，苏轼参加科举考试，没想到只得了个第二名。

原来，当时欧阳修是主考官，他在阅卷的时候，发现一篇写得非常好的文章，便准备将写这篇文章的人录取为

第一名。

但是，由于考卷上考生的名字是密封的，欧阳修觉得这篇文章有点像自己的一个学生写的。为了不让别人说他的闲话，所以他只将其录取为第二名。

后来，欧阳修才知道自己弄错了，觉得很对不起苏轼。之后苏轼经常送来一些文章请欧阳修阅读，欧阳修觉得每篇都是好文章！随着交往的加深，两人结成了忘年交。

欧阳修佩服苏轼小小年纪就有如此高的造诣，于是就向他的朋友推荐苏轼："苏轼的文章写得实在太好了，我应当让路，让他高出我一头。"

从容不迫

　　庄子是战国时有名的哲学家。有一次，庄子和他的朋友惠子相约到河边去赏鱼。

　　他们一起来到河边，看到许多鱼在水中游来游去。庄子不禁感慨地对惠子说："你看这些鱼在水中游来游去，多么快活和自在呀！"

　　惠子平时就和庄子斗惯了嘴，此时他听庄子这么一说，立即又来了精神："你又不是鱼，怎么会知道它们是否快乐呢？"

　　庄子见惠子又开始耍嘴皮子了，就顺着惠子的话说："你又不是我，怎么能断定我不知道它们现在很快乐呢？"

惠子说："是的，我不是你，自然也不知晓你的喜怒忧愁。可你毕竟不是鱼，你如果知道鱼的快乐，那你就不是人了。"

庄子笑了笑说："现在我告诉你，我是从自己的感受中体会到的。我们同在河边观鱼，悠闲自在，多么无拘无束啊。

"而这些鱼呢？其实和我们一样悠闲自在，从容不迫。我们在岸上看着它们，它们在水中望着我们，只不过我们和鱼的所处角度不同罢了。我们是快乐的，所以它们也应该是快乐的。不是吗？"惠子听完庄子的话，觉得很有道理，再也不和庄子斗嘴了。

大公无私

春秋时期，晋平公手下有一个叫祁黄羊的大臣。他为官清正，从不计较个人恩怨得失。

有一次，晋平公问祁黄羊："现在南阳县缺少一个好县官，你看派谁去比较合适呢？"祁黄羊毫不迟疑地回答说："叫解狐去，他最合适。"晋平公听了，十分惊奇地问道："解狐不是你的仇人吗？你为什么推荐他呢？"

祁黄羊说："您只问我什么人合适，并没有问我解狐是不是我的仇人啊！"

后来，晋平公真的派解狐到南阳县上任了。解狐到任后，替那里的百姓办了不少好事，大家都赞扬他。

过了一些日子，晋平公又问祁黄羊："现在朝廷里缺少一个法官，你认为谁能胜任这个职位呢？"祁黄羊说："祁午最能胜任。"

这一次，晋平公更加惊奇了，他问道："祁午是你的儿子啊！你推荐自己的儿子，不怕别人说闲话吗？"祁黄羊回答说："你只问我谁能够胜任，并没有问我祁午是不是我的儿子，所以我推荐了他！"晋平公听他这么说，就任命祁午为法官。祁午当上法官以后，惩恶除暴，受到人们的爱戴。

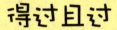

得过且过

寒号鸟据说是世界上最懒惰的动物。寒号鸟非常喜欢夏天，因为这个时候，它全身长满了漂亮的羽毛，连百鸟之王凤凰也觉得它好看。

为此，它整天得意扬扬，一见到其他鸟儿，就要和人家比比美。

很快，夏天过去，秋天来了，候鸟们都飞到南方过冬了。留下来的鸟儿们都忙碌着存粮造窝，准备度过寒冷的冬天。

只有寒号鸟整天什么事情也不干，还嘲笑大家愚蠢得只知道劳动，不知道玩乐呢。

不久，寒冷的冬天来到了。其他鸟儿都换上了一身厚厚的羽毛，准备了充足的食物。它们把屋子造得严严实实，里面可暖和了。

而寒号鸟呢？它那身非常漂亮的羽毛早就脱光了，像刚出壳的幼鸟一样。因为没有巢，可怜的寒号鸟只能躲在石头缝里，冷得直打哆嗦，嘴里不停地说："冷死了！明天就做窝，明天就做窝。"

第二天，当暖洋洋的太阳照在身上时，寒号鸟又忘记了昨夜的寒冷。它安慰自己说："得过且过，得过且过。"就这样，懒惰的寒号鸟一直没有为自己造房子，最终冻死在石缝里了。

望洋兴叹

　　传说在很久以前，黄河里住着一位名叫河伯的河神。每当河伯站在黄河岸边，望着滚滚浪涛由西而来，又奔腾跳跃着向东流去时，他都会兴奋地大喊大叫："黄河真是太伟大了，世上还有哪一条大河能和它相提并论？我河伯就是最大的水神！还有谁能与我相比？"

　　有人告诉他："在黄河的东面有个地方叫北海，那才真叫大呢。"

　　河伯说："我才不信呢！北海再大，能大得过黄河吗？"

　　那人见河伯毫无见识，便笑着说："北海的水能装满几万条黄河呢。"

河伯见那人说得十分肯定，心里不禁打起了鼓，可他表面上还不承认："不可能，我才是最大的水神。"

那人无法说服河伯，离开时告诉他："有机会你还是自己去北海看看吧，那样你就会相信我说的不是假话了。"

河伯想了想，决定去北海看个明白。当他来到黄河的入海口时，突然看见一个慈祥的老人正笑容满面地看着自己，这就是北海神！河伯放眼望去，只见北海汪洋一片，分不清哪儿是水，哪儿是天。

于是，河伯深有感触地对北海神说："从前我以为自己是天下最大的水神，没有人比得上我。今天我亲眼看见你，才知道天下是多么大！我感到很惭愧，希望你不要笑话我见识短浅。"

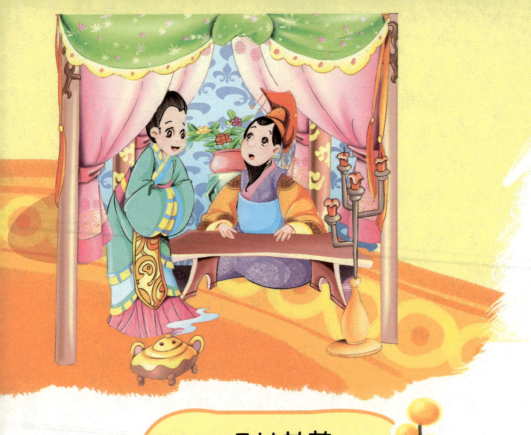

同甘共苦

　　战国时，天下大乱，许多小国家应运而生，燕国就是其中一个。因为燕昭王很善于用人，燕国逐渐强大起来。燕昭王用的第一位人才名叫郭隗。郭隗善于出点子，很有计谋。

　　有一天，燕昭王正在为如何富民强国而苦恼。他问郭隗："你能否替我找到一个有本事的人，使我们的国家强大，不受人欺负？"

　　郭隗说："这个好办！只要您重用人才，亲自去访问人才，天下的人才都会前来投奔您，那我们的国家就会变得强大。"

燕昭王问："照你这样说，那我应该先去访问哪一位人才呢？"

郭隗回答道："那么您就先重用我吧！我虽然没有什么本领，但是如果您重用了我，天下本领高强的人一定会来投奔您的。因为他们看到像我这样平凡的人都被您重用，他们还会不来吗？"于是，燕昭王尊郭隗为老师，并送了他一幢华丽的住宅。

消息一传开，乐毅等有才能的人纷纷从其他国家赶来投靠燕国。燕昭王很高兴，让他们都担任了重要的职务，对他们的家人也非常关心。就这样，燕昭王与百姓共同享受安乐的生活，共同度过艰难的日子。

经过二十八年的努力，燕昭王终于把燕国治理得国富民强。

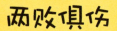

两败俱伤

从前，有一个名叫卞庄子的年轻人，武艺高强，射箭又快又准。他经常上山打猎，兔子、野猪、大灰狼等等，只要被他遇见了，都逃不掉。唯一让他遗憾的是，他一直没有机会射中一只老虎。

有一次，卞庄子在回家的路上，看见两只老虎正在路边树林里撕咬一头牛，便想射死它们。

这时，一个同行的路人劝阻他说："这两只老虎正在吃牛，它们吃得香必定要争食，争着争着就一定会打起来；而它们一旦打起来，一定是大的那只老虎受伤，小的那只老虎被咬死。到那时，你再用你的箭去射受伤的老虎，就会得到杀死两只老虎的威名，这难道不是一件两全其美的事吗？"

卞庄子听了这个路人的话，觉得很有道理，于是就站在路边等着两只老虎为食物争斗。

不一会儿，真如路人所说的那样，两只老虎果然打了起来。小的那只虎死了，大的那只虎被咬得全身是伤。

这时，卞庄子举起弓向那只受伤的大虎射去，一箭射中了大虎的要害。那只虎本来就受了伤，没动几下就死了。卞庄子一次杀死两只老虎的威名从此传开了。

华而不实

　　春秋时，晋国大夫阳处父是当时远近有名的美男子。他不仅长得一表人才，而且举止优雅，给人留下的第一印象非常好。

　　有一次，阳处父出使魏国，路过一个叫做宁邑的小地方。因为天太晚了，他就在一家客店住了下来。

　　店主夫妇见他相貌堂堂，都十分喜欢他，赶紧拿出好酒好肉来招待，却不要分文。

　　晚上，店主悄悄地对妻子说："我早就想追随一位品德高尚的人，但一直没有遇到满意的。今天我看这阳处父很不错，我决定跟随他，希望能够学些东西。"

店主把自己的想法向阳处父一说，阳处父立即同意了。于是，第二天店主就告别妻子，跟着阳处父走了。

一路上，阳处父不着边际地和店主说了许多话。店主边走边听，不知所云。刚刚走出宁邑县境，店主就决定返回小店，不再跟随阳处父了。

店主的妻子见丈夫突然返回，大吃一惊，忙问店主："既然好不容易遇见一个能干的人，为什么不跟随他多学点儿东西再回来呢？"

店主摇摇头说："最初看他生得一表人才，以为他是个能干的人。没想到听了他说的话后，我觉得他并没有什么本事。我怕跟着他没有学到东西，反而浪费了时间。"

孙山

名落孙山

　　宋朝实行科举制度，穷人家的孩子也可以参加考试，考取功名后就可以入朝做官，以此改变自己的命运。

　　江南有一个名叫孙山的年轻人，有一年他准备去参加科举考试，他的一个朋友恰好也要去参加考试。于是，两个人相约一起来到了京城。考完试后，他们又一起住在旅店里等待各自的成绩。

三天后，公布成绩的那一刻终于到了。孙山在榜单上发现了自己的名字，只不过是榜上的最后一名，可他的朋友不幸落榜了。

因为中了榜，孙山归心似箭，而他的朋友因为自己落榜，心里很难过，不想马上回去。孙山安慰了他几句，就匆忙赶回家去报喜。

孙山回到家后，邻居和朋友听说他中了榜，都纷纷前来祝贺。不久，朋友的父亲也赶来了，他一见到孙山就焦急地打听儿子的情况。孙山怕直说伤了老人的心，就念了两句诗来委婉地表达。

诗为："解名尽处是孙山，贤郎更在孙山外。"意思是说：举人的最后一名是我孙山，而你儿子的大名却落在我孙山之后。言外之意，就是你儿子不幸落榜了。

后来，人们就把考试没有被录取说成是"名落孙山"。

皮之不存，毛将焉附

　　春秋时，晋国发生内乱，公子夷吾逃到了秦国。他向秦王许诺，如果秦王能帮他登上王位，他愿意割让五座城池给秦国，以示感谢。后来，在秦国的帮助下，夷吾真的回国当上了国君，称晋惠公。但他没有履行自己当初的诺言，秦晋两国的关系很快就破裂了。几年后，秦国闹饥荒，派人到晋国去求购粮食。晋惠公的舅父虢射说："我们晋国不履行割让五城给秦的诺言，是导致我们与他们关系破裂的根本原因。如果这个问题不解决，而只答应卖粮食给秦国，就好比只有毛而没有皮。现在皮都不存在了，毛附在哪里呢？"晋惠公听从了他的建议，当即拒绝了秦国使者的要求。